ALPHABET DES JEUNES NATURALISTES

A. BEDELET

NOUVEL ALPHABET

DES PETITS NATURALISTES.

EXERCICES MÉTHODIQUES
SUR LES PRINCIPALES DIFFICULTÉS DE LA LECTURE.

NOUVEL ALPHABET

DES

PETITS NATURALISTES

EXERCICES MÉTHODIQUES

SUR LES PRINCIPALES DIFFICULTÉS DE LA LECTURE.

PARIS,
AMÉDÉE BÉDELET, LIBRAIRE,
RUE DES GRANDS-AUGUSTINS, 20.
1849

Majuscules.

A B C

D E F

G H I

J K L

1.

3ᵉ EXERCICE.

Majuscules anglaises.

A   *B*   *C*   *D*

E   *F*   *G*   *H*

I   *K*   *L*   *M*

N   *O*   *P*   *Q*

R   *S*   *T*   *U*

V   *X*   *Y*   *Z*

4ᵉ EXERCICE.

Voyelles.

a, e, i, o, u, y.

Consonnes.

**b, c, d, f, g, h, j, k, l, m,
n, p, q, r, s, t, v, x, z.**

Trois manières de prononcer E.

e muet.   é fermé.   è ouvert.

Leçon, parole.   Bonté, Café.   Père, Mère.

Accents

Aigu.   Grave.   Circonflexe sur **a e i o u.**
Été.   Prière.   Ane, fête, gîte, trône, flûte.

5ᵉ EXERCICE.

Syllabes.

A.

Ab-ba, ac-ca, ad-da, af-fa, ag-ga, ah-ha, aj-ja, ak-ka, al-la, am-ma, an-na, ap-pa, aq, ar-ra, as-sa, at-ta, av-va, ax-xa, az-za.

Plusieurs syllabes forment un MOT.

Pa-pa. A-na-nas.

Plusieurs mots forment une PHRASE.

Pa-pa a-va-la l'a-na-nas d'A-nas-ta-se.

6ᵉ EXERCICE.

E.

Eb-be, ec-ce, ed-dè, ef-fé, eg-ge, eh-hé, ej-jè, ek-ké, el-le, em-mé, en-nè, ep-pè, eq, er-re, es-sé, et-tè, ev-vé, ex-xe, ez-ze.

Hé-lè-ne a é-té à la pê-che, el-le a bar-bo-té, sa mè-re en a é-té ex-cé-dé-e.

Sons identiques de E.

Eu, œu, ent, ai, ei, et, est, er, ez.

Al-bert, al-lez a-vec ma mè-re et ma sœur ; elles ai-dent à pe-ser sei-ze bal-les de lai-ne.

7ᵉ EXERCICE.

I.

Ib-bi, ic-ci, id-di, if-fi, ig-gi, ih-hi, ij-ji, ik-ki, il-li, im-mi, in-ni, ip-pi, iq, ir-ri, is-si, it-ti, iv-vi, ix-xi, iz-zi.

<small>Y a le son de deux I.</small>

Y a t-il i-ci la y-o-le d'Hen-ri?

<small>Y a le son de deux I.</small>

Le vo-y-a-geur a é-té ef-fra-y-é.

<small>Sons identiques du son IN.</small>

Im, ein, eim, ain, aim.

J'ai bien faim et je n'ai pas de pain! — Viens, petit : ce pa-ni-er est plein de mas-se-pains de Reims; tu les ai-mes bien, hein?

8ᵉ EXERCICE.

O.

Ob-bo, oc-co, od-do, of-fo, og-go, oh-ho, oj-jo, ok-ko, ol-lo, om-mo, on-no, op-po, oq, or-ro, os-so, ot-to, ov-vo, ox-xo, oz-zo.

Le jo-li jo-ko d'Oc-ta-ve est mort à No-vo-go-rod.

Sons identiques de O.

Au, eau, eaux, os.

Paul, res-tez en re-pos; ne sau-tez pas; n'al-lez pas au bord de l'eau. Je vais là-haut fer-mer les ri-deaux du ber-ceau de vo-tre sœur Laure, elle dort.

9ᵉ EXERCICE.

U.

Ub-bu, uc-cu, ud-du, uf-fu, ug-gu, uh-hu, uj-ju, uk-ku, ul-lu, um-mu, un-nu, up-pu, uq, ur-ru, us-su, ut-tu, uv-vu, ux-xu, uz-zu.

Ur-su-le est une pe-ti-te hur-lu-ber-lu.

10ᵉ EXERCICE.

Voyelles doubles ou diphthongues.

Ai, ia, au, au, ei, ie, eu, ieu, en, ien, ian, io, oi, ion, oin, ou, oui, ui, iun, un, uin.

Di-eu est bon : il a soin de pourvoir à tous nos be-soins; viens, re-mer-cions-le. — Oui, et so-yons tou-jours ex-ac-tes à le louer aux jours où il l'a lui-mê-me com-man-dé.

11ᵉ EXERCICE.

Consonnes doubles.

bl.   br.   cl.   cr.   fr.   gr.   gl.
Blé, bras, clou, crin, frac, grain, gland.

pl.   pr.   st.   tr.   vr.
Plat, prix, stuc, trou, vrai.

Le pau-vre Fran-cis a pleu-ré et cri-é en vo-yant ses fleurs flé-tries par la gros-se pluie; il en a plan-té d'au-tres à l'abri du grand pru-nier.

ch.   gn.   ll.
Chou, grognon, fille.

Le chat cher-che u-ne sou-ris, mais la gen-ti-ll-e bê-te a ga-gné son trou : el-le y est bien ca-chée. Mi-non foui-ll-e du bout de sa pat-te; ses yeux bri-ll-ent de fu-reur. N'ap-pro-che pas, Ca-mi-ll-e, il t'é-gra-ti-gne-rait.

12ᵉ EXERCICE.

Ph, son identique de F.

Phi-la-del-phe, em-mè-ne Fi-dè-le, et va au pha-re a-vec Eu-phé-mie. Vous y ver-rez un pho-que : c'est un a-ni-mal am-phi-bie.

Th, son identique de T.

Thé-o-phi-le, ter-mi-ne ton thè-me; en-sui-te nous pren-drons le thé.

13ᵉ EXERCICE.

C prononcé comme ss avant E, I.

Cé-ci-le, fai-tes ce-ci; c'est un e-xer-ci-ce u-ti-le et né-ces-sai-re. Et vous, Al-ci-de, ces-sez de vous ba-lan-cer et de faire des gri-ma-ces.

14ᵉ EXERCICE.

C, prononcé SS, avant a, o, u, par l'addition d'une cédille.

Ça, ço, çu, çou, çon.

Ce pe-tit gar-çon tou-chait sans ces-se mon poin-çon : je m'en a-per-çus et je le for-çai de le lais-ser ; mais il le re-prit et se per-ça la main.

C est dur devant a, o, u.

La cui-si-niè-re fe-ra cui-re du ca-ca-o pour Co-ra-lie, et du cho-co-lat pour Cons-tan-ce.

Sons identiques de C dur.

Pé-ki di-sait qu'-un coq é-tait dans le kios-que ; j'ai cru en-ten-dre : u-ne co-quet-te est dans le kios-que, ce-la a fait un qui-pro-quo.

15ᵉ EXERCICE.

G est dur devant a, o, u.

J'ai ga-gné à la lo-te-rie u-ne gar-ni-tu-re de gui-pu-re, un go-be-let d'ar-gent guil-lo-ché et une guir-lan-de de mu-guet.

G, son identique de J par l'addition d'un e devant a, o, u.

Gea, geo, geu.

J'ai fait une ga-geure : si Geof-froy perd, il me don-ne-ra ses jo-lis pi-geons rou-geâ-tres ; s'il ga-gne, il aura mon geai avec la cage et la man-geoi-re de cris-tal.

T prononcé ss entre deux voyelles.

L'en-fant sa-ge, qui a a-va-lé sa po-t-ion, au-ra récré-a-t-ion ; le pa-res-seux re-cevra u-ne pu-ni-t-ion et n'au-ra pas de prix à la dis-tri-bu-t-ion.

A α

AUTRUCHE.

Il y a, dans un pays que l'on appelle l'Afrique, de très-grandes étendues de terre où il ne pousse point d'arbres, point de gazon, et qui ne sont couvertes que de sables. Ces tristes endroits sont ce que l'on nomme des *déserts*. C'est là que vivent les autruches, le plus grand de tous les oiseaux. Elles volent peu : leurs ailes sont trop petites pour soutenir leur corps dans l'air; mais, au moyen de leurs longues pattes et de leurs larges pieds, elles courent dans le sable si légèrement et si vite, que le meilleur cheval ne pourrait les atteindre.

Les beaux bouquets de plumes qui se balancent au sommet du dais de velours dont on se sert, les jours de grandes fêtes, à l'église, celles qui ornent les chapeaux des dames, sont des plumes d'autruche.

B   C

BOUQUETIN.

Le bouquetin, ou bouc sauvage, est un animal très-agile qui vit sur les montagnes et se plaît surtout à grimper sur les pointes les plus aiguës des rochers.

On appelle *sauvages* les animaux qui craignent et fuient les hommes; qui ne peuvent apprendre à le servir. Ils vivent et demeurent dans les bois ; quelques-uns, tels que le renard, se creusent sous terre un abri que l'on nomme *terrier*.

Il est un animal qui habite comme le bouquetin les lieux escarpés : c'est le chamois. Les paysans montagnards s'exercent de bonne heure à le poursuivre ; ils savent s'élancer au fond des précipices, franchir des torrents presque aussi rapidement que l'animal, afin de s'emparer de sa peau avec laquelle on fabrique des gants aussi bons que beaux.

C c

CERF.

Le cerf habite les grands bois que l'on nomme *forêts*. Les espèces de branches qui ornent sa tête tombent et repoussent tous les ans au printemps comme les branches des arbres.

La chasse au cerf était autrefois le plaisir préféré des princes et des rois ; les dames de la cour y assistaient, les unes à cheval comme les chasseurs, les autres placées dans de riches équipages. On employait pour poursuivre le cerf une *meute*, c'est-à-dire un grand nombre de chiens de la même espèce et dressés exprès pour cette chasse. La fuite du cerf, sa mort étaient annoncées par les sons éclatants du *cor*, instrument de musique consacré à cet usage, et appelé, à cause de cela, *cor de chasse*.

D   d

DROMADAIRE.

Il a le dos surmonté d'une seule bosse. Le Chameau lui ressemble, mais il porte deux bosses. Ces animaux vivent dans l'Asie et l'Afrique, qui sont deux des cinq grandes parties de la terre. Ils portent les fardeaux, comme font dans notre pays l'âne et le cheval; leur poil, qui est très-doux, tombe tous les ans et sert à faire de bonnes étoffes; les chamelles donnent du lait aussi bon que celui de nos vaches. Vous voyez que ces animaux sont aussi utiles à eux seuls que plusieurs des nôtres ensemble.

Il serait impossible aux habitants de l'Afrique de traverser leurs déserts sans le secours des chameaux. Les chevaux ne tarderaient pas à périr d'épuisement au milieu de ces sables épais et brûlants que leurs pieds soulèveraient autour d'eux ; les chameaux, au moyen de leurs larges pieds plats, y marchent aisément. En outre, la moindre nourriture suffit à ce bon animal : il sait même parfois supporter patiemment pendant plusieurs jours la faim et la soif.

E   e

ÉLÉPHANT.

C'est le plus gros de tous les animaux qu'on appelle *quadrupèdes*, ce qui veut dire quatre pieds. On appelle *trompe* ce long tuyau qui occupe la place de son nez. Elle lui sert à respirer, lui tient lieu de main pour saisir, arracher et porter à sa bouche les écorces d'arbres et les plantes dont il se nourrit; elle lui est utile aussi pour frapper et étouffer les animaux qui l'attaquent. Ses longues dents sont appelées *défenses*, parce que, effectivement, il s'en sert comme d'une arme contre ses ennemis. Ces défenses sont l'*ivoire :* elles tombent de temps en temps, et on les ramasse avec soin pour en fabriquer mille objets. L'éléphant est d'un naturel très-doux, et il ne devient dangereux que lorsqu'on excite sa colère.

F

FOURMILIER.

Cet animal est de l'espèce de ceux que l'on appelle *édentés*, parce qu'ils n'ont point de dents. Le fourmilier ne se nourrit que de fourmis; de là lui vient son nom.

Il existe un autre ennemi des fourmis : on l'appelle fourmilion ; mais il y a une grande différence dans ces animaux, dont les noms sont presque semblables : le fourmilier est, vous le voyez, un quadrupède ; le fourmilion est un *insecte*, une espèce de petite chenille.

Ne regrettez-vous pas de voir détruire si cruellement les gentilles petites fourmis, si admirables par leur adresse, leur ordre et leur zèle au travail ?

G *g*

GIRAFE.

Je vous ai montré le plus gros de tous les quadrupèdes, voici maintenant le plus grand. Comme l'éléphant, la girafe ne se nourrit que d'écorces et de feuilles; et, loin d'être dangereuse, elle est extrêmement craintive. Il est fort rare que nous puissions posséder dans notre pays ces singuliers animaux, parce que l'on ne peut pénétrer, sans s'exposer aux plus grands dangers, dans les déserts d'Afrique, où elles vivent, et où la chaleur est si brûlante, que lorsqu'on a enfin réussi à ramener dans nos pays ces pauvres girafes, elles y ont si froid, que, malgré les soins dont on les entoure, elles ne tardent pas à mourir.

La dernière de celles que nous avons possédées à la ménagerie était, dit-on, de petite taille; cependant sa hauteur, prise des pieds de devant jusqu'au sommet de la tête, était de dix-huit pieds, c'est-à-dire plus de trois fois la taille d'un homme.

HYÈNE

On a longtemps prétendu que cet animal était *féroce*. On appelle ainsi ceux qui dévorent les autres animaux et les hommes tout vivants.

Mais n'était-ce pas assez pour elle d'être si laide, d'avoir un vilain poil, rude et hérissé, une voix rauque et triste? Fallait-il encore qu'on l'accusât de tant de méchanceté?

La hyène est seulement un animal *carnassier*, c'est-à-dire qu'elle mange de la chair crue quand elle peut en trouver : mais il est rare qu'elle ose attaquer l'homme et les troupeaux.

On prétend même qu'il est possible d'obtenir de la hyène les services et la docilité du chien.

I i

INDRI.

L'indri me semble devoir appartenir à l'espèce si variée des singes. Vous avez vu que les singes ont des mains semblables aux nôtres; mais avez-vous remarqué que leurs pieds ressemblent aussi à des mains par la longueur de leurs doigts? C'est à cause de cela que les singes généralement sont appelés *quadrumanes,* ce qui veut dire quatre mains. Ces quatre mains permettent aux singes d'avoir cette adresse et cette promptitude qui les rend si amusants ; que n'avons-nous aussi quatre mains pour beaucoup apprendre et beaucoup travailler ! Qu'en dites-vous, petits lecteurs ?

Tous les singes ressemblent à l'homme, surtout ceux que l'on appelle Orang-Outang et le Chimpanzé. Vous auriez eu bien du plaisir à voir, l'an passé, au Jardin des Plantes, un petit chimpanzé âgé de huit mois. Il embrassait son gardien, donnait la main à ceux qui venaient le voir, et se montrait fort glorieux d'une bague qu'il avait au doigt. Il est mort de froid, ce pauvre Jack !

J j

JAGUAR.

Le petit Émile dit que le jaguar est un beau minet : en effet, cet animal, ainsi que la panthère, le léopard, le tigre, que vous verrez tout à l'heure, rappelle le chat par sa forme. Comme lui, il sait guetter sa proie, marcher, bondir et retomber à terre légèrement et sans bruit. Cette espèce est la plus redoutable des animaux féroces. Il croquerait le pauvre petit Émile aussi cruellement que le chat croque une souris. Il ne vit point dans l'Europe, partie du monde que nous habitons, mais il est connu dans les quatre autres.

Les chasseurs de jaguar, afin de s'emparer de l'animal sans endommager sa belle fourrure, l'étranglent en lui lançant au cou un lacet dont les deux bouts sont terminés par de lourdes balles de plomb.

K k

KANGUROO.

Il est aussi appelé lièvre sauteur, parce qu'il a quelques rapports avec le lièvre par sa forme et la manière dont il se nourrit en rongeant des racines, et parce que, en s'appuyant sur sa longue queue et ses pattes de derrière, il s'élance et franchit en sautant les distances qu'il veut parcourir. Il porte sous le ventre une poche dans laquelle il place ses petits, lorsqu'il veut les cacher ou les emporter. On remarque cela dans quelques autres animaux, tels que le sarigue. Quand vous saurez bien lire, vous apprendrez par cœur l'histoire d'une petite mère sarigue, bonne comme l'est pour vous votre maman.

L *ℓ*

LION.

On a souvent donné au lion le nom de roi des animaux, parce qu'il est à la fois beau, fort et terrible. Il est féroce, mais sans être perfide comme le tigre, qui se cache pour surprendre sa *proie*, c'est-à-dire l'animal ou l'homme qu'il veut dévorer. Le lion attaque fièrement et franchement son ennemi; il annonce sa venue par des rugissements éclatants. Souvent on a vu ceux de nos ménageries se montrer reconnaissants des soins de leurs gardiens ; on les a vus aimer le petit chien qu'on leur donnait pour compagnie, et mourir de chagrin lorsqu'ils venaient à en être privés.

On appelle *crinière* les longues touffes de poils qui ornent le cou et les épaules du lion. Les lionnes n'en ont point ; je les trouve moins belles. Elles aiment tendrement leurs petits, et les défendent contre les chasseurs avec une fureur terrible et un courage extraordinaire.

M

MOUTON.

On appelle *animaux domestiques* ceux qui obéissent à l'homme et qui le servent. Ainsi, le chien garde la maison et les troupeaux de son maître, il l'aide à poursuivre à la chasse les animaux sauvages; le cheval porte des fardeaux, le bœuf traîne la charrue qui laboure et prépare les champs où poussera le blé dont on fait le pain ; le chat détruit les rats et les souris qui rongeraient ce grain dans le grenier ; la vache laisse prendre son lait ; la poule fournit les œufs ; enfin le mouton porte la laine que l'on file pour en faire de bons habits et des couvertures. Celui-ci est de l'espèce plus belle appelée *mérinos*, et c'est avec sa fine laine que l'on fabrique l'étoffe qui porte ce nom.

NILGAUT.

Les gazelles, les daims, les chamois se ressemblent entre eux par les habitudes, la manière de vivre et les formes du corps. Tous ont les jambes fines, la queue courte, le poil *fauve*, c'est-à-dire brun clair; ils ont la tête ornée de cornes. On désigne l'espèce en général par le nom d'*antilopes*. Mais celui-ci est un antilope quadricorne, parce qu'il a quatre cornes, tandis que ceux que je viens de vous nommer n'en ont que deux. Il vient de l'Inde, contrée d'Asie, et son nom de Nilgaut, signifie en langue indienne *bœuf bleu*.

Les hommes savants qui ont ainsi reconnu toutes les habitudes et les formes des animaux sont appelés *naturalistes*, parce qu'ils ont étudié la *nature*, c'est-à-dire la réunion de tous les ouvrages de Dieu.

O   o

OURS.

Il y a plusieurs espèces d'ours : l'ours noir d'Amérique vit, à ce que l'on prétend, de fruits et d'écorces, et non de chair; je ne sais s'il mérite véritablement cette bonne réputation, et j'aurais, pour ma part, peu de confiance à m'exposer sans armes à sa rencontre. Quant à l'ours brun, qui habite en

Europe, la Russie, les montagnes d'Espagne, de Savoie et de France, il est véritablement carnassier et féroce. L'ours blanc habite les rivages de la mer Glaciale : il est dangereux pour l'homme, mais il se nourrit surtout de poissons, qu'il sait attirer à lui de dessous les glaçons; on l'appelle à cause de cela ours blanc de mer. Il existe encore une autre espèce d'ours de cette couleur, et on l'appelle ours blanc *terrestre*.

P p

PHOQUE.

Vous avez vu qu'un poisson enlevé hors de l'eau et posé sur la terre y meurt aussitôt, et qu'un quadrupède quelconque jeté à l'eau y meurt aussi : le phoque, ou *veau marin*, est un animal *amphibie*, c'est-à-dire qu'il vit également sur la terre et dans l'eau ; il est pourvu de petites pattes pour se traîner sur la terre, et de nageoires comme les poissons pour fendre l'eau. Il est carnassier, à ce que l'on assure, mais sans être dangereux, et il est même susceptible de *s'apprivoiser*, c'est-à-dire de s'habituer à vivre paisiblement parmi les hommes, et à leur obéir.

L'Hippopotame ou cheval marin, le Morse ou éléphant de mer sont aussi des animaux amphibies.

QUINCAJOU.

Le quincajou, ou kinkajou, vit en Amérique. Il se nourrit parfois de fruits et de racines. Cependant il est d'un naturel carnassier : tapi sur la branche d'un arbre, sur lequel il grimpe et se soutient comme les singes à l'aide de sa longue queue, il guette les animaux sauvages, fond sur eux au passage, et se tenant fortement attaché à leur cou, malgré la rapidité de leur course, il suce leur sang jusqu'à ce qu'ils tombent épuisés et mourants.

J'ai lu que l'on parvenait parfois à apprivoiser cet animal et à le dresser à la chasse, mais il ne perd jamais son naturel carnassier, et, si l'on cesse de le surveiller sévèrement, il saisit les volailles et les tue en suçant leur sang à un certain endroit de l'aile.

R

RENNE.

Il y a, au nord de l'Europe, une froide et triste contrée nommée Laponie. La terre y est constamment couverte de neige et de glaces. Le renne remplace à lui seul, dans ce pays, la plupart de nos animaux domestiques, qui ne pourraient y trouver leur nourriture. Vous savez combien, dans nos villes, il est difficile, lorsqu'il gèle, de conduire nos voitures? Les Lapons se servent de petits chariots très-bas, appelés traîneaux : on y attelle les rennes, dont les pieds sont formés de manière à leur permettre de courir très-vite sur les glaces, sans glisser; de plus, il donne un lait doux et sain; sa chair est bonne à manger, son poil fournit une excellente fourrure, et avec sa peau on fabrique des chaussures.

SANGLIER.

Le cochon que vous voyez dans nos basses-cours n'a aucune bonne qualité; au contraire, il est sale, indocile, paresseux et gourmand. Cependant c'est un animal domestique, et c'est par ces vilains défauts mêmes qu'il nous sert : car en mangeant gloutonnement, sans se livrer à aucun travail, il s'engraisse et sa chair nous fournit d'abondantes provisions. Le sanglier est un cochon sauvage; il habite les forêts et se nourrit de racines et de fruits; sa chair, moins grasse que celle du cochon ordinaire, est fort bonne à manger. Il est armé de deux défenses avec lesquelles il cherche à percer son ennemi, ce qui rend sa chasse assez dangereuse. Autrefois on le poursuivait à cheval, et, au lieu de fusil, on s'armait d'une espèce de longue lance appelée *épieu*.

T t

TIGRE.

Je vous ai déjà parlé du tigre terrible, du tigre qui tue et déchire, même sans avoir faim ! Celui-ci est de la belle espèce que l'on appelle tigre royal. On le chasse non-seulement pour détruire son espèce si dangereuse, mais surtout pour s'emparer de sa magnifique fourrure, plus recherchée que les plus éclatants tapis. Son poil fauve, rayé de noir foncé, semble un tissu d'or brodé de velours. Le tigre royal vit surtout aux Indes, contrée d'Asie.

Afin de distinguer cet animal d'avec ceux qui lui ressemblent, vous remarquerez que les dessins noirs de la fourrure du tigre sont disposés en rayures, tandis que sur la panthère et le jaguar ces dessins ont la forme d'anneaux.

U   u

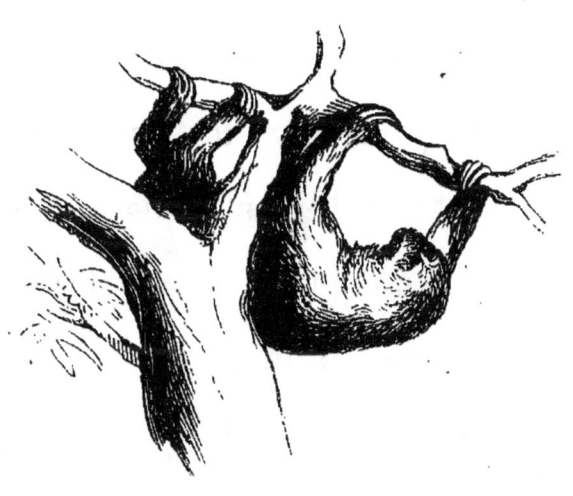

UNAU.

Ah! l'ennuyeuse chose à voir qu'un paresseux! Il préfère souffrir une gêne ou se priver d'un plaisir plutôt que de surmonter son indolence! Il ressemble donc à cet animal que voici. L'unau se nourrit du feuillage de l'arbre sur lequel il est né; il se traîne lentement sur chaque branche, et lorsqu'il les a toutes dépouillées, il se laisse tomber et mourir au pied de cet arbre, sans avoir le courage de chercher une autre pâture.

Un homme paresseux doit avoir un mauvais cœur; car il lui est sans doute aussi difficile de se mouvoir pour aider les autres que pour se servir lui-même. Il y a bien longtemps que les sages ont dit : « L'oisiveté est la mère de tous les vices. »

V

VACHE.

Savez-vous ce que fait en ce moment cette bonne bête, que vous aimez tous pour le bon lait qu'elle vous donne? Elle semble manger, et pourtant elle ne touche point à l'herbe qui l'entoure; c'est qu'elle *rumine*, c'est-à-dire qu'elle fait remonter dans sa bouche et remâche la nourriture qu'elle a avalée pendant le jour. Vous avez un estomac, elle en a quatre. Les bœufs, les moutons, les cerfs, le buffle, ou bœuf sauvage, et beaucoup d'autres, ont aussi plusieurs estomacs. Les chamaux en ont un cinquième, dans lequel ils conservent de l'eau qu'ils font remonter dans leur gosier pour se rafraîchir lorsqu'ils traversent les déserts brûlants de l'Afrique. Ces animaux sont pour cela appelés *ruminants*.

En apprenant toutes ces merveilles, admirez, enfants, la sagesse et la bonté de Dieu, et le soin qu'il a pris de pourvoir à tous les besoins de ses créatures.

X   𝒳

XÉ.

On appelle plus souvent ce joli petit quadrupède du nom de Porte-Musc; car c'est lui qui produit ce parfum que vous connaissez sans doute, et qui est contenu dans une petite poche que l'animal porte sous le ventre. Le xé est aussi un ruminant; il habite les montagnes les plus sauvages de certaines contrées d'Asie. On le chasse afin de s'emparer de sa fourrure et de son parfum, qui est si fort que peu de personnes peuvent le respirer sans en être incommodées. Vous serez donc obligeants et polis si vous voulez bien vous priver de mettre du musc parmi vos objets de toilette.

Y y

YAPOU.

Ce petit oiseau vit en Amérique. J'ai ouï dire qu'il se rend utile en livrant la chasse, dans les maisons, aux insectes incommodes ou malpropres, tels que les grillons et les araignées.

Il y a parmi les oiseaux, comme parmi les quadrupèdes, des espèces carnassières :

on les appelle *oiseaux de proie*. Les plus grands sont l'aigle, le vautour; les petits sont le faucon, l'épervier. Il y a des oiseaux qui se nourrissent de poisson, comme le héron, la grue; ils sont pourvus, pour pouvoir marcher dans les marais et au bord des eaux, de pattes très-longues; à cause de cela on désigne cette espèce par le nom d'*échassiers*. Les canards, les poules, les pigeons, les dindons, les oies, sont nos oiseaux domestiques.

ZÈBRE.

Voici l'âne rayé d'Afrique. Il est aussi turbulent, aussi prompt dans ses mouvements et dans sa course, aussi élégant par sa forme et sa belle robe rayée, que notre pauvre âne d'Europe est humble, lent et patient.

Cependant, à force de soins et d'adresse,

Les premières Leçons,

ALPHABET DES PETITS ENFANTS SAGES.

Un peu de tout avec lequel on apprend beaucoup. Lecture et calcul, travail et plaisir, morale et prière.

Le Livre des petits Garçons,

Guide des petits bonshommes qui aspirent à devenir des hommes bons et de grands hommes, quand même ils resteraient petits.

Les Contes des Fées de Charles Perrault,

Où resplendissent, en de belles gravures coloriées, les robes couleur du soleil, les aigrettes et les panaches des princes et princesses, tant enfin il y a de belles images, que l'on ne saurait décider s'il est plus charmant de lire ou de regarder.

Choix de fables de la Fontaine,

Bonnes à apprendre, à réciter et à regarder, tant sont jolies toutes les bêtes causeuses dessinées à l'imitation de l'inimitable Grandville.

Le Petit Magasin des Enfants,

Aventures extraordinaires de la Belle et la Bête, du prince Chéri, et autres merveilleux effets des coups de baguette de Mesdames les Fées.

Les Tribulations de la mère Goody,

Ouvrage moral en ce qu'il démontre quels embarras nous suscitent les richesses et l'ambition, même, hélas! quand cette ambition n'a d'autre but que la possession d'un petit cochon de lait.

Les Aventures de Dame Trotte,

De son chien et de mademoiselle Minette, chatte très-sociable, très-spirituelle et parfaite ménagère.

Mémorables Fredaines d'un Singe,

Récit des fantaisies perverses d'un individu de la gent quadrumane, si experte en malice.

Robinson Crusoé,

Aventures curieuses d'un naufragé, gravures non moins curieuses et fort exactes de son costume, de son merveilleux parasol, etc., dont lui seul est l'inventeur, attendu qu'il ne trouva ni chapelier, ni tailleur, ni cordonnier, ni âme qui vive dans l'île où il échoua, ce qui prouve que c'était une île déserte.

Voyages de Gulliver,

Autres admirables, mémorables et incroyables aventures d'un autre voyageur, transporté, hissé, tombé en des peuplades dont on n'a jamais pu découvrir la situation sur aucune carte géographique.

Les Jeux des petites Filles,

Vrai trésor des récréations, explication d'une foule de jolis jeux pour varier ses plaisirs pendant tout le temps des vacances.

Le Jardin des Plantes,

Petit livre précieux et utile en toute occasion, savoir : lorsqu'il fait beau, comme guide des jeunes promeneurs dans ce beau jardin ; et lorsqu'il pleut, comme étude au coin du feu, avec les portraits fidèles de la girafe, de Martin l'ours, de l'éléphant.

Les animaux industrieux,

Suite au susdit cours d'histoire naturelle, en ce qu'il démontre par des anecdotes fort curieuses l'instinct, la sagacité des susdits animaux, tant féroces que domestiques, bipèdes que quadrupèdes, etc.

Fridolin, historiette,

Ouvrage édifiant et moral, qui prouve à tou les petits enfants les avantages de la sagesse, et les récompenses que le bon Dieu leur réserve.

Et tous ces livres sont bons à lire et beaux à voir : tous sont satinés, glacés, dorés, argentés, peints, azurés, bigarrés, chamarrés.

Magnifiques !.... et peu chers !

Figures en noir, cartonnés. . . . . 1 fr. 50
— coloriées, cartonnés. 2   25

www.ingramcontent.com/pod-product-compliance
Lightning Source LLC
LaVergne TN
LVHW020039090426
835510LV00039B/1110